Ich sprech als Tier zu dir

Was Tiere den Menschen erzählen

Gedichte und Zeichnungen
von David Polivka und Arnold Polivka

© 2019 Arnold Polivka
Autoren: Arnold Polivka, David Polivka
Illustrator: Arnold Polivka
Grafische Umsetzung: Karl Felbermayer

Verlag: myMorawa von Morawa Lesezirkel
978-3-99093-510-1(Hardcover)
978-3-99093-511-8(e-Book)
Printed in Austria

Der Katze Taiga gewidmet, die uns viele Katzenkinder geschenkt
und uns dreizehn Jahre lang begleitet hat.

Ich sprech als Tier zu dir

Was Tiere den Menschen erzählen

Gedichte und Zeichnungen
von David Polivka und Arnold Polivka

Tiergedichte 1-22
von David Polivka

Die Adlerfreunde

Wir fliegen sehr schnell
Sobald es wird hell.
Wir gleiten mit unseren Flügeln
Durch die Lüfte - höher und höher
Fern von den Hügeln.

~2~

Der bunte Ara

Mit meinem Schnabel
Kann ich Nüsse packen,
Und auch wenn sie hart sind, knacken.
Die wilden Tiere sehen mich,
Doch hoch über die Bäume fliege ich.

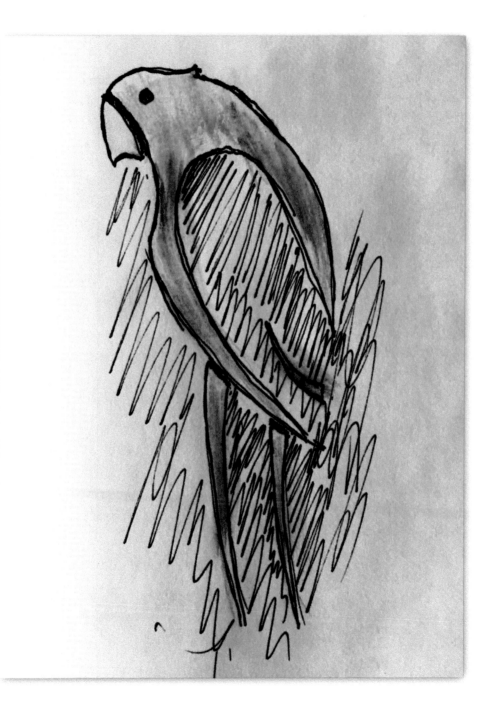

Die Eidechse

Ich bin so flink man sieht mich kaum,
Ich kann auch laufen auf dem Baum,
Auf der Insel Rhodos lebe ich,
Nicht ohne Schatten siehst du mich:
Wo ist er?

~4~

Die Eule auf dem Ast

In der Nacht bin ich wach,
Am Tag schlaf´ ich mich aus,
In der Nacht flieg ich lautlos hinaus,
Fange Mäuse; das Fell spuck´ ich aus.
Ich kann fliegen, schnell wie der Wind,
Glaubst du es mir, liebes Kind?

Der Feuervogel

Ich bin flammheiß,
Damit du's weißt
Durch viele Welten bin ich gereist.
Ich habe ganz große Flügel
Mit dir am Rücken geht's über Vulkane und Hügel

Die Fische im Meer

Wir fragen euch, ihr lieben Kinder,
Wer von uns beiden ist geschwinder?
Wir schwimmen zur Freude um die Wette,
Und bleiben Freunde,
Wer den ersten Preis auch hätte.

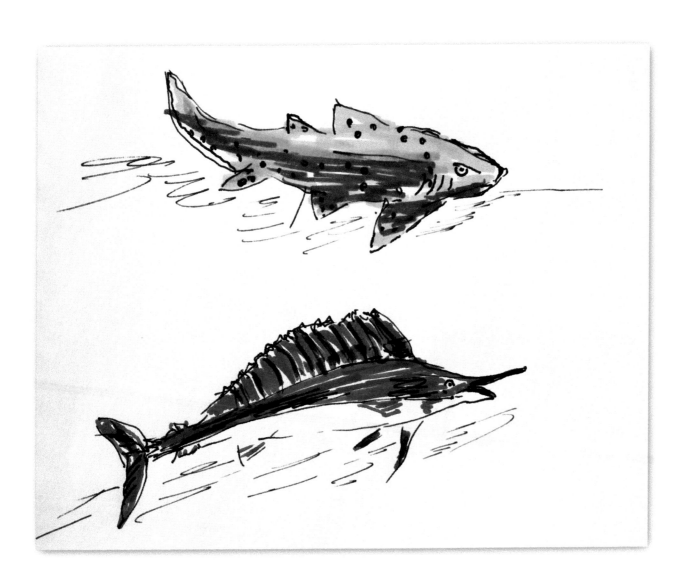

~7~

Der Gecko

Ich klettere auf Mauern, Baum,
Ich bin so schnell, du siehst mich kaum,
Weil ich Saugnapfpfoten habe,
Das ist meine besond´re Gabe.

Die Haselmaus

Der Bub der hält mich in der Hand
In einem Garten er mich fand.
Er streichelt mich,
Ein bisschen fürcht´ ich mich.
Lässt er mich wieder frei?
Ich weiß es nicht.

Das Hausferkel

Ich bin nicht wie ein Lamm,
Ich wälze mich gern im Schlamm.
Ich kann schon grunzen wie ein großes Schwein,
Und verwandt bin ich mit dem Wildschwein.

Das Kamel auf der Erdkugel

Ich reise mit dem Mann durch alle Länder,
Er geht mit mir auf alle Weltenränder.
Ich bin sehr müde, du glaubst es kaum,
Denn weit und breit da seh' ich keinen Baum.

Die Katze Taiga

Mäuse fang' ich gerne,
Sind sie nicht zu ferne.
Ich schlepp' sie in das Haus
Und die Knochen spuck' ich aus.

Die zwei Koi - Glücksfische

Wir sind sehr teure Fische,
Wir wissen nicht warum.
Wir kommen nicht auf die Tische,
Darum schwimmen wir frei herum.

Die tote Krähe

Ich hab mich am Leben sehr erfreut,
Doch gestorben bin ich heut.
Ich wünsch' dir auch ein schönes Leben,
Dass deine Seele sich kann gut erheben.

Der Löwe

Ich bin ein Löwe groß und stark;
Als König der Tiere ich alle Kleinen mag.
Ich habe eine große weiche Mähne,
Aber auch spitze, scharfe Zähne!

Die zwei Mäuse

Wir ticken und ticken auf der Uhr herum
Und können nicht runter, das ist ja zu dumm.
Hilf uns doch bitte runter, liebes Kind,
Sonst wir bald abgestürzt sind!

Die Nachtigall und die Rose

Wenn die Kinder schlafen, so singe ich im Garten
Und sitze auf den Dornen, den harten.
Denn ich liebe die Rose, die zarte,
Und bis die Sonne aufgeht ich warte.

Der Tiger mit dem Mädchen

Ich laufe mit dem Mädchen durch den Dschungel,
Über viele Länder sind wir schon gereist.
Wir sind immer unterwegs, ob es hell ist oder dunkel,
Und ohne Angst, damit du´s weißt.

Das Trüffelschwein

Ich kann die Trüffelpilze riechen,
Da muss ich auf der Erde kriechen.
Und hinter mir, da ist mein Schweinekind,
Das schaut auch, ob es die Trüffel find't.

Die Vogelkarawane

Wir fliegen im Kreis doch bleiben immer beisammen
Und geben acht, dass wir uns nicht rammen.
Wir kommen, weißt du, von weit her
Und machen eine große Schleife über das Meer.
Dann fliegen wir in die Luft,
Weil uns die Vogelmutter ruft.

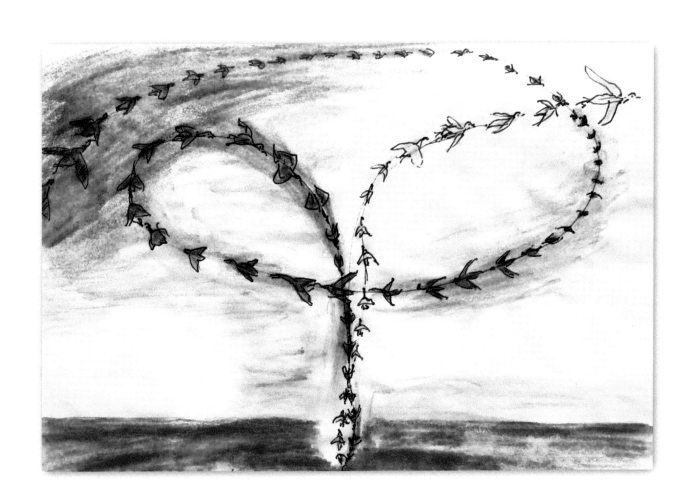

Der Wiedehopf mit Feuerkopf

Es sieht so aus, als wär ich klein,
Doch schau, das kann nicht sein:
Ich habe einen großen Schopf
Auf meinem roten Feuerkopf.

Das Wildschwein

Ich bin das Schwein aus Korsika
Und wohn´ in einem schönen Wald.
Viele Eicheln find' ich da,
Wenn du mich siehst, mach lieber halt!

Die Zwillingskatzen

Wir sind Schwestern und doch nicht ganz gleich,
Mit uns´ren drei Farben sind wir sehr reich.
Mit Wolle spielen wir sehr gerne,
Das Knäuel rollt in weite Ferne.
Wir springen lustig hinterher,
Als liefen Mäuse vor uns her.

~23~

Die Urlaubskatze

Sie fahren fort-
Ich bleib zu Haus
Und passe auf die Mäuse auf.
Geht das?

Der Schneckenkönig

Einer von zehntausend nur
Darf sich Schneckenkönig nennen:
Dreht mein Gehäuse rechts herum-
D'ran kannst du mich erkennen!

Der Schmetterlingskokon

Ich soll ein Tier sein,
Meinst du wohl,
Schau aus wie´ne Pflaume
Innen hohl?
Doch ich sag dir, liebes Kind,
Ich wachse innen ganz geschwind,
Um bald die Hülle zu zerreißen
Und als Schmetterling in der Luft zu reisen.

Der Schmetterling

Im Tal der Schmetterlinge bin ich geboren;
Wo das ist? Dann spitze deine Ohren:
Auf der Insel Rhodos lebe ich mit tausenden Geschwistern,
Viele Menschen besuchen uns-wir können sie begeistern.
Am Tage, da ruhen wir auf Bäumen,
Des Nachts beginnen wir zu träumen.
Wir fliegen und wir paaren uns
Und viele Kinder kommen dann durch uns.

Zeus der Stier

Ich kam als Stier ans Meer
Und als ich diese Frau geseh'n,
Da war's um mich gescheh'n:
Ich sprach sie an, dass sie auf mir reiten kann;
Und als sie saß, zu rennen ich begann.
Ich flog sehr schnell über das Meer
Und nicht gab ich sie wieder her.
Auf die Insel Kreta bracht' ich sie,
Europa heißt die Schöne,
Und ich liebe sie!

Der Fuchs

Wachsam schau´ ich in die Welt
Viel seh´ ich da, was mir gefällt:
Meine Kinder, kleine Füchslein,
Meine Höhle, wo ich wohne nicht allein,
Meine Fuchsfrau, auch so schlau,
Die sich verstecken kann im Bau.
Wenn du mich öfter sehen willst,
Gut ist´s, wenn viel im Wald du bist.

Der Eichkatz

Im September hab ich dem Opa alle Nüsse geklaut;
Als er sie ernten wollte, da hat er geschaut!
Schnell hab' ich sie vergraben,
Denn kein anderer soll sie haben!
Nach dem Winter werd alle ich essen,
Doch wieder werd' ich viele vergessen.
Draus werden dann Bäumchen, viele!
Auf die kann ich dann klettern, wenn ich spiele!

Das bunte Pferd

Ich bin nicht verkehrt,
Ich bin ein buntes Pferd.
Und wer es will wagen,
Den kann ich tragen
Schnell wie die Hufe sind,
Mein liebes Kind!

Der Wolf – eine wahre Geschichte

In Wolfsgraben, wo der Uropa wohnt,
Ich einst als starker Wolf habe gethront.
Und ich war ein wildes Tier;
Doch die Holzfäller, die sahen sich für:
Sie schnitzten sich lange Keulen,
Und wenn ich kam, so schlugen sie mir Beulen!

~32~

Der Bär

Ich bin der Bär
Mit Tatzen schwer.
Aus dem Walde komm´ ich her,
Süßen Honig lieb ich sehr,
Könnt´ essen davon mehr und mehr,
Doch die Bienen geben ihn nicht her-
So muss den Honig ich von ihnen holen,
Auch wenn sie summen:
„Du hast ihn uns gestohlen!"

~33~

Die diebische Elster

Wenn etwas glitzert bin ich zur Stell'
Und hole mir Silber und Gold ganz schnell.
Erst neulich einen Ring hab' ich geklaut –
Wo er ist? Na, hast schon geschaut?

Das Rotkehlchen im Winter

Brrrr, so kalt!
Auf dem Ästchen find' ich Halt.
Und da gibt es rote Beeren,
Die können mich ernähren.

Die Schafe in Norwegen

Ach Kinder, in Norwegen leben wir,
Auch jetzt im Sommer oft frieren wir hier.
Nur wenn wir uns zusammen kauern
Wir gut die Kälte überdauern.
Wisset, die Sonne jetzt auch nachts am Himmel steht,
Aber im Winter die Dunkelheit niemals vergeht!

Die Krähe im Kürbis

Der Kürbis ist mein Haus jetzt,
Ich hab' es mir gemacht.
Da wohne ich jetzt drinnen
Bei Tage und bei Nacht.
Du kannst mich gern besuchen,
Ich habe noch viel Platz;
Und kommst du eines Tages,
So bist auch du mein Schatz!

Aaron der Jagdhund

Wenn ich steh', dann wittere ich das Reh.
Wenn ich dann geh', riech' ich seine Spuren im Schnee.
Mein Herr, der Jäger, hat mich ausgesandt,
Dass ich ihm bringe das Wild zur Hand.

~38~

Der Schwalbenschwanz, ein Schmetterling

Von Blume zu Blume fliege ich, oh Kind;
Und ich flattere wie ein Blatt im Wind.
Die Blumen nähren mich mit ihrem Blütensaft,
Das gibt mir zum Fliegen und zum Leben Kraft!

Die rote Katze aus Rom

Ich sitz´ in Rom am Trevi Brunnen,
Heiß ist es und die Insekten summen.
Den Stein auf dem ich liege, wärmt die Sonne;
Säßest auch du bei mir, das wär die reine Wonne!

~40~

Der Pelikan

Im Zoo in Budapest, da lebe ich;
Auf einem Stein gerade stehe ich.
Freunde in aller Welt- viele habe ich;
Könnt´ auch zu ihnen fliegen, wollte ich.
„Peli" heiß´ ich, überallhin „kann" ich.
So haben sie halt „Pelikan" genannt mich.

Der Elefant an der Wand

Am Tor des Zoo´s von Budapest,
Da kannst du mich erkennen.
Ein Steinmetzmeister musste
Aus der Wand mich stemmen.
Gerne darfst mich überall berühren,
Deine Hände über Stoßzahn, Rüssel, Beine führen.
Doch mich bewegen, so wie du, das kann ich nicht
Doch ich freu´ mich über dein staunendes Gesicht!

Der Papagei

Schöne Farben habe ich, der Papagei;
Zusammen mit meiner Freundin sind wir zwei.
Gemeinsam ist das Leben leicht,
Und weithin unsere Stimme reicht.
Willst du mich hören, liebes Kind?
Dann sprich mir vor- ich sag´s dir nach geschwind!

Der schwarze Schwan

Ich bin ein dunkler Schwan,
Es gibt auch weiße;
Kannst du erraten, wie ich heiße?
Mir schwant etwas: es fällt dir schwer-
So sag ich meinen Namen her:
Fridolin
Ich bin.

Das Pferd im Galopp

Die Erde bebt- oh Kind steh still,
Weil schnell ich galoppieren will!
Die größte Freude hab' in Freiheit ich,
Wenn niemand sattelt oder zügelt mich.

Der Steinbock

Lange Hörner wie Antennen trage ich;
Wo viele Felsen sind, da kannst du finden mich.
Weite Sprünge machen tu' ich gerne,
Dann siehst mich nur mehr aus der Ferne.

Die Adlerin

Höher als die Berge kann ich fliegen,
Hoch oben in den Felsen die Eier liegen.
Im Nest aus vielen Zweigen
Sich bald die Jungen zeigen.
Und so wie du das Gehen lernst, mein Kind,
So wachsen ihnen die Flügel ganz geschwind.

Der Wolf und der Mond

Weißt du mein Kind,
Wie dumm oft Menschen sind?
Sie sehen den vollen Mond entzückt
Und hören mein Heulen, wie verrückt;
Glauben, dass ich den Mann im Mond erblickte,
In Wahrheit meine Sehnsucht siegte:
Zu einer Wolfsfrau meine Stimme fliege,
Auf dass ich mit ihr Kinder kriege.

48

Die Wölfe im Schnee

Herbei geheult hab ich die Wolfsfrau dann,
Zwei Wolfskinder sind jetzt mit uns fortan.
Weißt du, mein Kind, kann Schnee man essen
Als Wolf und wird man satt von diesem Fressen?
Jetzt heulen wir wieder, weil wir Hunger haben,
Und da ist niemand, der uns will laben.
Und blieben Schnee und Erde gefroren hart;
Ihr Menschen voll Angst vor uns Hungrigen wart.

Die Wolfskinder

Wir laufen durch den Wald,
Kein Winter ist uns da zu kalt,
Und haben uns´ren Spaß dabei:
Rechts und links, da fliegt der Schnee vorbei!

Der Esel

Grautierchen, so nennen sie mich auch;
Am liebsten fress´ ich Blätter vom guten Strauch;
Doch meistens muss ich schwere Säcke tragen,
Ohne dass die Menschen mich viel fragen.
Deshalb werd´ manchmal ich sehr störrisch,
Und erst mit einem guten Wort beweg´ ich mich.

Der müde Esel im Orient

Schon wieder so ein Großer
Sitzt auf meinem Rücken.
Das kann mich wahrlich
Gerade nicht entzücken.
Viel lieber wär´ es mir, mein Kind,
Dass du und deine Freundin
Auf meinem Rücken sind.

Die geschickten Sittiche

Am Grab des Weisen Hafes sitzen wir,
Auf hundert Sprüchen aus seinem Brevier.
Hast du eine Frage an dein Leben
Und willst für eine Antwort auch was geben:
So reich dem Manne, der uns hält,
Ein bisschen was von deinem Geld.
Und mit ein paar Körnchen auf sein Zeichen
Werd' ich mit meinem Schnabel dir einen Zettel reichen.
Darauf die Weisheit von Hafes steht
Worum es jetzt in deinem Leben geht…

~53~

Der Stier

Ich bin ein Stier, von Menschenhand gemacht;
Aus Griechenland, aus Kreta komm ich her.
Meine spitzen Hörner zum Kämpfen sind gedacht;
Und willst du mich besuchen, so musst du übers Meer.

Die Kuh in Indien

Eine zarte weiße Kuh in Indien bin ich;
Heute vor den Wagen spannten schon sie mich.
Meine Hörner malten rot sie an,
Dass jeder mich gut sehen kann.
So lauf ich langsam durch die Stadt,
Bis jeder mich getroffen hat.

Das Kamel am Wagen

Fest ziehe ich den schweren Wagen,
Die Menschen könnten´s selber gar nicht tragen!
Und Auto haben sie keins bis heute;
So bin ich da für viele Leute.
Die Kinder hier in Indien am Land,
Sie wohnen in Zelten und spielen im Sand.
Und wo wohnst du?

Das Mamakamel

Wo es wenig Wasser gibt,
Dort in Persien lebe ich
Mit meinen zwei Kindern
Nah um mich.
Denn bald wenn sie dann Hunger haben,
Sie gerne sich an meinem Euter laben.

Der Wiedehopf

Warme Landschaften, die lieb ich sehr,
Dort Quellen zu finden ist mein Begehr.
Ich führe die Menschen zu diesen Plätzen,
Darum sie mich als Vogel so sehr schätzen.

Der Walhai als Lebensretter

An Australiens Küste schwamm ich entlang,
Einen abgetriebenen Schwimmer in Not ich fand.
Denn die Whalewatch- Leute entdeckten mich
So konnt´ der junge Mann dann retten sich.

Die Elefantendame

Im Norden Indiens, in Bodhgaya lebe ich
Bei den Menschen, sie verehren und pflegen mich.
Und wenn ich gehe, so läutet meine Glocke;
Viele Kinder ich so zu mir locke.
Dann bringen sie mir Äpfel und Bananen;
Die schmecken mir, du kannst es ahnen.

Der Tiger

Mein Kind, auch in Europa leben viele Tiger.
Und wenn dir die großen Leute sagen,
Tiger gibt´s hier nur im Zoo, glaub ihnen nicht.
Denn in Wien lebt ein GranTIGER,
In München ein BärTIGER,
In Florenz wohnt ein ArTIGER,
An vielen Orten ein HanTIGER;
Und wo's schnell gehen muss: ein HurTIGER.

Der Löwe im Sandsturm

Ein Sandsturm pfeift mir ins Gesicht,
Diesen Wind, den mag ich nicht!
Seh' keine Löwin, muss Sandkörner fressen,
So ein Tag- ist zum Vergessen!

Der Adler im Hühnerhof

Als Adler kam ich, von hoch herunter
Zu den Hühnern, sie pickten Körner munter.
Sie blickten nur zu Boden, ich sprach sie an:
„Ist das alles, was ihr heute habt getan?
Ihr habt doch Flügel, euch in die Lüfte zu erheben
Und kriecht herum, als würd´s nichts andres geben!"
Ich wollte sie das Fliegen lehren,
Doch ließen sie sich nicht bekehren.
So flog ich fort zu Meinesgleichen,
Um höhere Sphären zu erreichen.

63

Die Äskulapnatter

Ich sag es dir mein liebes Kind
Dass viele Leute ängstlich sind.
Sie fürchten sich ganz viel vor mir
Als wär' ich ein übles Schlangentier.
Vom Heilgott Äskulap den Namen
Trag ich von alters her,
Ohne mich und ihm wohl keine Apotheke wär.
Viele Heilungen wir haben schon gebahnt
Und manchen gerettet, der es kaum ahnt.

Der Wellensittich

In einem Vogelkäfig im Marchfeld,
Da fühlte ich mich einst als Held.
Eines Tags, die Türen waren offen,
Bin ich durch alle Öffnungen geschloffen.
Wie waren Freiheit, frische Luft so schön,
Mein Lied durch alle Gärten hat getönt!
Doch meine Freiheit hatte ihren Preis-
Die Katze hörte mich und voller Fleiß
Schlich sie sich an und wollt mich fressen-
Ich hatte die Gefahren ganz vergessen!
Die Katze sprang- der Augenblick war lang-
Ich spürte die Gefahr
Und flog ab wie ein Aar;
Die Katze, ganz versessen,
Im Bambus hing- nichts blieb zum Fressen.

Der Falke

Am Himmel zieh ich meine Kreise,
Weiß nicht, wohin mich führt die Reise.
Getragen von den Winden, lass ich mich gleiten,
Zu entdecken der Erde Weiten.
Ich wünschte sehr mein Kind, du hättest Flügel
Du sähest mehr, als nur den Hügel.

Die Taube im Nest

Im fernen Persien, in Shiras lebe ich;
Brütend im stillen Winkel siehst du mich.
Wenn ich lange genug sitze,
Und mein Täuberich, trotz großer Hitze
Bringt fleißig mir mein Futter,
So werde ich bald Taubenmutter-
Und freue mich an jedem Kind,
Das ins Leben fliegt mit gutem Wind.

Die Zebrafische

Unterm Wasser, am Meeresboden sieht du uns speisen;
Willst du uns sehen, viel Mut musst du beweisen:
Tauch unters Wasser, öffne deine Augen,
Halt an die Luft, du musst dich trauen!
Wir fressen am Boden, immer heiter,
Bis dir die Luft ausgeht, dann musst du weiter.

Die Katze auf der Insel

Ich leb' auf einer Insel,
Stromboli genannt.
Als einer der Vulkane,
Die Feuer speien bekannt.
Alle paar Minuten
Wirft er die Lava raus;
Und wird es recht gefährlich,
Da laufe ich ins Haus.

Der Feuerkäfer von Vulcano

Sechs Füße hab' ich und der Flügel viere,
Zwei „Augen" auch meinen Rücken zieren.
Ein Vogel, der mich sieht,
Vor Schreck sofort von dannen zieht.
Das Feuer und den Rauch, das liebe ich,
Deshalb am Vulkan sie fanden mich.
Die Schwefeldämpfe nicht sie stören mich,
Denn diese Luft, die schätze ich.
Rot ist das Feuer, rot die Farben im Vulkan,
Rot ist mein Rücken, so passen wir zusamm'!

Der Flötenfisch

Als Flötenfisch kannst du mich finden,
Im Meere Griechenlands, dem linden.
Die Krabbe ist mein Freund, die bunten Fische auch,
Wir leben hier zusammen nach gutem, altem Brauch.

Die Tauben in Venedig

Wir leben in Venedig,
Mit Wasser rundherum.
Wir trinken von den Quellen,
Mit Menschen rundherum.
Sie streuen für uns Körner,
Wir picken rundherum,
Und freuen uns des Essens,
So wie die Menschen, rundherum.

Die Möwe

Auf einer Dorflaterne sitze ich,
Viele hohe Berge umgeben mich.
Das Meer ist unter mir mit vielen Fischen,
Jeden Tag da fliege ich, sie zu erwischen.
So ist das Leben, liebes Kind,
Des einen Freuden, des and'ren Leiden sind.

Die Kamele am Meer

Am Golf am persischen, da leben wir,
Im weichen Sand am Meer wir schlafen hier.
Und geht die Sonne wieder auf, arbeiten wir,
Denn die Menschen brauchen uns: als Tragetier.

Die Füchsin aus Korsika

Ich bin der Fuchs aus Korsika
Und ich hab' zwei Kinder da.
Komm' zu den Menschen jeden Tag,
Weil ich auch deren Kinder mag

Der Wüstenbussard

Hoch aus den Lüften komme ich,
Liebe Menschen lockten mich.
Zwei Welten nun bewohne ich.

Die Chimäre

In Florenz, in Italien bin ich zu Haus;
Ziege, Schlang' und Löwe schauen aus mir raus.
Brauchst nicht zu fürchten dich, oh liebes Kind,
Nur aus Bronze wurd' gegossen ich geschwind.

Inhaltsverzeichnis